Sofia   Maman nous a emmenées Anna et moi faire des courses. Elle a dit que nous devions avoir des vêtements spéciaux pour l'école. J'ai eu des chaussons de gymnastique et des chaussettes neuves. Anna a eu des chaussures neuves parce qu'elle en avait besoin. Anna a dit que l'école c'est cool.

Sofia   Mum took me and Anna shopping. She said we had to get special clothes for school. I got plimsolls for PE and new socks. Anna got new shoes 'cause she needed them. Anna said school is cool.

The night before

Sofia   Anna a dit que ma maîtresse Mademoiselle Ross est *for-mi-dable*.
J'ai sorti tous mes vêtements pour être prête rapidement le matin.
Maman a dit que nous ne devons pas être en retard.

Sofia   Anna said that my teacher Miss Ross is *love-e-ly*.
I put out all my clothes so I can get ready quickly in the morning.
Mum said we mustn't be late.

Tom — Ted ne veut pas aller à l'école. J'ai dit à Maman que Ted pense qu'il se perdra. Maman a dit que Ted sera OK. Elle a dit que Ted connaîtra plein de personnes comme Sofia et Anna et moi. J'ai dit à Ted que je m'occuperai de lui.

Tom — Ted doesn't want to go to school. I told Mum that Ted thinks he'll get lost. Mum said Ted will be OK. She said Ted will know lots of people like Sofia and Anna and me. I told Ted I'll look after him.

The BIG day

Tom   Papa nous emmène à l'école Ted et moi.
       Papa a dit qu'il peut se souvenir de son
       premier jour d'école. Comment peut-il
       se souvenir de quelque chose qui est
       arrivée il y a des années et des années ?

Tom   Dad is taking me and Ted to school.
       Dad said he can remember his first
       school day. How can he remember
       something that happened years and
       years and years ago?

Sofia   Je suis prête à partir et Anna ne l'est pas. Elle fait ses lacets mais je veux partir maintenant. Je ne veux pas être en retard. Maman a dit, dépêche-toi Anna. Dépêche-toi Anna, je veux partir MAINTENANT !

Sofia   I'm ready to go and Anna is not. She is doing her laces but I want to go now. I don't want to be late. Mum said hurry up Anna. Hurry up Anna, I want to go NOW!

On the way to school

Sofia   Maman a ouvert la porte et Anna et moi avons descendu les escaliers
        en courant. En bas nous avons vu Tom et son père.

Sofia   Mum opened the door and Anna and me raced down the stairs.
        At the bottom we saw Tom and his Dad.

Tom   Sofia, et Anna, et leur mère, et moi, et Papa, et Ted avons marché jusqu'à l'école. J'ai donné la main à Papa. Anna a dit que l'école c'est cool.

Tom   Sofia and Anna, and their mum and me, and Dad and Ted walked all the way to school. I held Dad's hand. Anna said school is cool.

The school

Tom   Quand nous sommes arrivés à l'école il y avait
       une dame qui attendait. Elle m'a demandé mon
       nom. J'ai dit Tom. Elle a dit que son nom était
       Madame Plum.
       Ted s'est caché dans ma poche.

Tom   When we got to school there was a woman waiting.
       She asked my name. I said Tom. She said her name
       was Mrs Plum.
       Ted hid in my pocket.

Sofia   Quand nous sommes arrivées à l'école la directrice
nous attendait. Elle est venue dire bonjour à tous les
nouveaux enfants. Anna a dit qu'elle faisait ça pour
que nous nous sentions les bienvenus.

Sofia   When we got to school the head teacher was waiting.
She came to say hello to all the new children.
Anna said she does it to make us feel welcome.

Our class

Sofia   Maman m'a emmenée à notre classe. Mademoiselle Ross
        était là. Et une grande personne qui s'appelle Jim. J'ai mon
        propre portemanteau. C'est pour mon manteau et mon sac
        de sport. Maman a dit au revoir. Elle a fait signe de la main
        comme elle passait la porte.

Sofia   Mum took me to our class. Miss Ross was there. And a grown-up
        called Jim. I got my own peg. That's for my coat and PE bag.
        Mum said bye. She waved as she went out of the door.

Tom   Papa m'a emmené à notre classe. J'ai montré mon dessin à Papa. J'ai dit
       à Papa que Ted était inquiet. Papa a dit que Ted serait OK parce que Ted
       m'avait, moi. Et moi, j'avais Ted. Papa m'a fait un calin. Il a dit, à tout à
       l'heure. J'ai dit au revoir.

Tom   Dad took me to our class. I showed Dad my picture. I told Dad Ted was worried.
       Dad said Ted would be OK because Ted had me. And I had Ted. Dad gave me a
       hug. He said see you later. I said bye.

First lesson

Tom   Mademoiselle Ross a fait l'appel. Elle a dit que tous les jours elle fera l'appel. Elle a dit que nous devons dire oui quand elle appelle notre nom.

Tom   Miss Ross called the register. She said every day she will call the register. She said we have to say yes when she calls our name.

Sofia   Mademoiselle Ross a dit que nous avons beaucoup de travail à faire. Elle a dit que travailler était amusant. Notre premier travail était de jouer au jeu des noms. Je connais beaucoup de noms. Zara est mon amie.

Sofia   Miss Ross said we had lots of jobs to do. She said doing jobs is fun. Our first job was to play the name game. I know lots of names. Zara is my friend.

Sofia   Mademoiselle Ross a dit que maintenant c'est la pause. Nous ne sortons pas pour jouer. Nous avons un verre d'eau et un fruit. Je me suis assise à côté de Zara et Lili.

Sofia   Miss Ross said now it's break time. We don't go out to play. We get a drink of water and fruit. I sat next to Zara and Lili.

Tom   A la pause nous pouvons aller aux toilettes. Mademoiselle Ross a dit, LAVEZ-VOUS LES MAINS ! Mademoiselle Ross a dit, souvenez-vous de FERMER LES ROBINETS.

Tom   At break time we can go to the toilet. Miss Ross said WASH YOUR HANDS. Miss Ross said remember to TURN OFF THE TAPS.

Tom   Sean s'est assis à côté de moi. J'espère que Sean m'aime bien.
       « Bonjour ! » a dit Sean. Il a dit qu'il aimait mon dessin.

Tom   Sean sat next to me. I hope he likes me. "Hello!" said Sean.
       He said he liked my picture.

Sofia   Mademoiselle Ross a pris nos dessins et les a mis au mur. Puis j'ai colorié une carte avec mon nom dessus, pour mettre sur mon tiroir.

Sofia   Miss Ross took our pictures and put them on the wall. Then I coloured a card with my name on, to put on my drawer.

Lunch time

Sofia   Une cloche a sonné. Ça a fait un GRAND bruit ! Nous avons dû nous laver les mains et nous aligner. Zara m'a donné la main. Elle mange à la cantine comme moi.

Sofia

A bell rang. It made a BIG noise! We had to wash our hands and line up. Zara held my hand. She has school dinners like me.

Le déjeuner

Tom   Sean amène son déjeuner comme moi. Nous avons pris nos boîtes.
Nous sommes allés dans le GRAND préau. C'était très BRUYANT.
Nous nous sommes assis à de longues tables. J'ai mangé du fromage
et du pain et une pomme et un jus.

Tom   Sean has packed lunch like me. We got our lunch boxes. We went
to the BIG hall. It was very NOISY. We sat at long tables. I had
cheese and bread and an apple and juice.

Playtime

Tom   Sean et Léo et Adi et moi avons joué à chat. Le banc était cabane.
Ted s'est caché dans ma poche.

Tom   Sean and Leo and Adi and me played tag. The bench was home.
Ted hid in my pocket.

Sofia   Zara et Lili et moi avons joué à la corde à sauter. Lili est tombée et s'est fait mal au genou. Elle a eu besoin d'un pansement. Lili a dit que ça ne lui faisait pas mal. Lili est très courageuse.

Sofia   Zara and Lili and me played skipping. Lili fell over and hurt her knee. It needed a plaster. Lili said it doesn't hurt. Lili is very brave.

Story time

Sofia   Nous nous sommes tous assis sur le tapis. La maîtresse nous a lu une histoire d'un GRAND livre.

Sofia   We all sat on the carpet. Miss read us a story from a BIG book.

L'heure de raconter des histoires

Tom   A la fin de l'histoire nous avons joué à un jeu d'applaudissement.
               Nous avons appris un poème pour rentrer chez nous.

Tom   At the end of the story we played a clapping game.
               We learnt a going home rhyme.

Packing up time

Tom   Mademoiselle Ross a dit, c'est l'heure de rentrer chez nous. Nous avons mis toutes nos choses dans nos tiroirs. Adi a le tiroir du haut. Puis nous avons dû nous aligner.

Tom   Miss Ross said, home time. We put all our things in our drawers. Adi has the top drawer. Then we had to line up.

Sofia   Mademoiselle Ross a dit, c'est l'heure d'aller chercher vos manteaux. Nous avons couru à nos portemanteaux. Mademoiselle Ross a dit, NE COUREZ PAS dans le couloir ! Elle avait l'air faché. Nous sommes retournés à la classe en marchant.

Sofia   Miss Ross said, time to get your coats. We ran to our pegs. Miss Ross said, NO RUNNING in the corridor! She looked cross. We walked back to class.

Home time

Sofia   Maman et Anna sont venues dans ma classe.
Je leur ai montré le dessin que j'ai peint.
Mademoiselle Ross et Jim ont dit au revoir.
J'ai dit au revoir à Zara et Lili.

Sofia   Mum and Anna came to my class. I showed them
my picture I painted. Miss Ross and Jim said bye.
I said bye to Zara and Lili.

Tom   A l'heure de rentrer Maman et Papa sont venus dans la classe. J'avais
TELLEMENT à leur dire sur Sean et Léo et Adi et tout le travail que
j'ai dû faire. Papa a dit que j'étais un grand garçon maintenant !

Tom   At home time Mum and Dad came to the classroom. I had sooo much
to tell about Sean and Leo and Adi and all the jobs I had to do.
Dad said I was a big schoolboy now!

Tom   Je me suis fait plein d'amis. Sean est mon ami. Et Adi et Léo. Sean est mon meilleur ami à l'école. Ted est mon meilleur ami à la maison. Ted aime l'école. Il veut y retourner.

Tom   I made lots of friends. Sean is my friend. And Adi and Leo. Sean is my best school friend. Ted is my best home friend. Ted likes school. He wants to go again.

Sofia   Anna et Maman et moi avons mangé du gâteau. Anna avait des devoirs. Je n'ai pas de devoir. Maman a dit que Zara pouvait venir après l'école vendredi. Anna avait raison – l'école c'est cool.

Sofia   Anna and Mum and me had cake. Anna had homework. I don't have homework. Mum said Zara can come after school on Friday. Anna was right – school is cool.

If you have found this book helpful, there are three more titles in the series that you may wish to try:

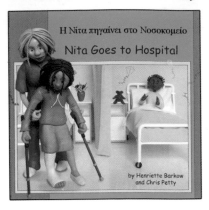

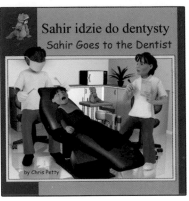

Nita Goes to Hospital
Sahir Goes to the Dentist
Abi Goes to the Doctor

You might like to make your own car, furnish your own house or try out some clothes in the "My...series" CD Rom

My House
My Car
My Clothes

You may wish to welcome parents and carers in 18 languages with the Welcome Booklet CD Rom Series
where you can publish key information about your school - photos, policies, procedures and people:

Welcome Booklet to My School
Welcome Booklet to My Nursery
All About Me!

First published in 2006 by Mantra Lingua Ltd
Global House, 303 Ballards Lane
London N12 8NP
www.mantralingua.com

A CIP record for this book is available from the British Library